Paul Martin

DER GESTOHLENE KOFFER

Illustrationen von Camille Roy

EMF

EIN BUCH DER
EDITION MICHAEL FISCHER

INHALT

SO FUNKTIONIERT'S!

1 Lies den Anfang des Rätsels.

2 Schaue dir genau das Bild außen auf den Klappseiten an.

3 Öffne die Klappseiten und schaue dir das Bil innen genau an, dami du die ersten drei Frag beantworten kannst. L dir die Beschreibung d Verdächtigen durch.

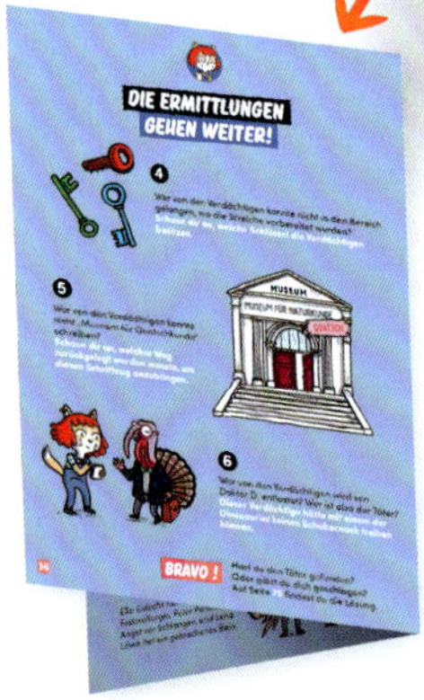

4 Anschließend kannst du die nächsten Fragen beantworten und die Ermittlungen abschließen.

5 Die Antworten und Lösungen zu den Rätseln findest du am Ende des Buche

FALL NR. 1

BAHNHOFSDIEB!

Am Bahnhof von Katzhausen: Der Zug hält für fünf Minuten! Zwei Reisende steigen aus dem Zug. Agatha Crispie zieht mit einem großen Vorhaben nach Katzhausen: Sie will Detektivin werden. Bisher hat sie allerdings noch keinen Fall gelöst. Gerade als sie aus dem Zug steigt, hört sie einen Schrei:

„Haltet den Dieb! Mein Koffer!"

Auf dem Bahnsteig erkennt Agatha Crispie die andere Frau wieder, die mit ihr zusammen ausgestiegen ist: Es ist Erika Weiß, die berühmte Wissenschaftlerin, die ihr völlig aufgelöst erklärt:

„Ich bin angerempelt worden. Dabei habe ich meine Brille verloren. Als ich sie aufheben wollte, war mein Koffer weg. Er enthält die Pläne für meine neue Erfindung. Ich bin sicher, dass er deshalb gestohlen wurde."

Agatha schaltet sich sofort ein: „Sie haben Glück, ich bin Detektivin! Berichten Sie mir alles haargenau, und ich werde den Täter finden."

UMBLÄTTERN UND ERMITTELN

RESTAURANT
DEPARTS
A
B

JETZT BIST DU DRAN!

Schaue dir den Bahnhof von außen und innen genau an, um folgende Fragen zu beantworten:

1

Erika Weiß erklärt Agatha, dass ihr Koffer grün ist und Räder hat.
Finde auf dem Bild die vier grünen Koffer mit Rädern.

2

Agatha Crispie hat den gestohlenen Koffer wiedergefunden. Es ist der Koffer, der von niemandem festgehalten wird. Ein wichtiger Hinweis befindet sich direkt daneben.
Handelt es sich bei dem Räuber um einen Vogel, ein Krokodil oder einen Hund?

3

Nun weißt du, um welche Tierart es sich bei dem Dieb handelt.
Finde die vier Tiere dieser Tierart auf dem Bild: Das sind die Verdächtigen.

KATZHAUSEN
A
2
B

KATZHAUSEN
1

DIE VERDÄCHTIGEN

Agatha Crispie hat die vier Verdächtigen befragt. Alle berichten, was sie zum Zeitpunkt des Diebstahls gemacht haben.

THOMAS TAUBE
MALER

Zum Zeitpunkt des Diebstahls habe ich gerade den Bahnhof neu angestrichen.

MARTA MÖWE
REISENDE

Ich habe nicht gesehen, was auf dem Bahnsteig passiert ist. Ich habe die zwei Arbeiter auf dem Dach beobachtet.

GERDA GEIER
KÖCHIN

Ich war in der Restaurantküche und habe Nudeln gekocht.

CARLO CANARI
REISENDER

Ich saß im Bahnhofsrestaurant und habe in Ruhe ein Gläschen getrunken.

DER ZEUGE

THEO TRILLER
BAHNHOFSVORSTEHER

Nur zwei Personen sind aus diesem Zug ausgestiegen, und niemand ist eingestiegen.

UMBLÄTTERN UND DIE ERMITTLUNGEN ABSCHLIESSEN

NET
KATZHAUSENER MORGENPOST
FAHRKARTEN INFORMATION

DIE ERMITTLUNGEN GEHEN WEITER!

4

Neben Erika Weiß befindet sich ein Hinweis auf dem Boden. Dieser lässt auf drei Verdächtige schließen: Auf wen?
Finde heraus, wer Flecken verursachen kann!

5

Der Zeuge kann einen Verdächtigen ausschließen: Wen?
Schaue genau hin, welcher Verdächtige sich laut Aussage des Bahnhofsvorstehers nicht vom Fleck bewegt hat.

6

Die Zeugenaussage dieses Verdächtigen schließt einen anderen als Täter aus: Wen?
Es ist ein Verdächtiger, der schwindelfrei ist!

BRAVO!

Hast du den Täter gefunden? Oder gibst du dich geschlagen? Auf Seite **70** findest du die Lösung.

FALL NR. 2

DURCHEINANDER IM LABOR

Die Gelehrte Erika Weiß lädt Agatha Crispie auf einen Besuch in ihr Labor ein. In diesem großen Gebäude stellt sie ganz unglaubliche Roboter her. Doch als Erika mit Agatha dort ankommt, wird sie von ihrem völlig aufgelösten Kollegen Sascha Schwarz begrüßt.

Sascha Schwarz erklärt: „Unsere Erfindungen sind durchgedreht! Fünf Roboter richten gerade ein heilloses Durcheinander an! Ich glaube, dass jemand aus unserem Team sie umprogrammiert hat. Wir müssen herausfinden, wer der Übeltäter ist!"

Agatha Crispie schaltet sich sofort ein: „Das ist ein Fall für mich! Wir haben keinen Augenblick zu verlieren. Die durchgedrehten Roboter müssen gestoppt werden, und es gilt herauszufinden, wer dieses Durcheinander verursacht hat."

UMBLÄTTERN UND ERMITTELN

JETZT BIST DU DRAN!

Schaue dir das Labor von innen und außen genau an, um folgende Fragen zu beantworten:

1

Finde die fünf Roboter, die Unfug treiben.

2

Alle Roboter tragen dasselbe Gerät, das sie verstellt hat.
Finde das Gerät.

3

Woher stammen diese Geräte, die dafür sorgen, dass die Roboter durchdrehen?

ROBOTER
WEISS & SCHWARZ
W & S
ROBOTER FÜR JEDERMANN
W
S

DIE VERDÄCHTIGEN

Die fünf Roboter wurden mit einem Gerät ausgestattet, das sie durchdrehen lässt. Im Labor gibt es nur fünf Personen, die so ein Gerät herstellen können. Und das sind:

HEKTOR KRÖTERICH
TECHNIKER

Ich bin für die Reparatur der Roboter zuständig.

NATASCHA SIAM
PROGRAMMIERERIN

Ich bin für die Sicherheit verantwortlich.

FERDINAND FUCHS
INGENIEUR

Ich stelle die Roboter her.

WALTRAUD WOLF
DESIGNERIN

Ich erstelle die Pläne für sämtliche Geräte des Labors.

DER ZEUGE

SASCHA SCHWARZ

Ich bin sicher, dass derjenige, der den Robotern die Kopfhörer aufgesetzt hat, sie eigentlich verbessern wollte! Aber das hat nicht geklappt.

UMBLÄTTERN UND DIE ERMITTLUNGEN ABSCHLIESSEN

EMPFANG

DIE ERMITTLUNGEN GEHEN WEITER!

4

Wohin im Labor ist die Person gegangen, die sich die Sender genommen hat? Dort, wo die Sender gelagert werden, befinden sich Spuren auf dem Boden.
Folge ihnen.

5

Wer sind die beiden Verdächtigen, die an diesem Ort arbeiten?
Schaue dir die Personen an, die sich in den Räumen dieses Gebäudeteils befinden.

6

Wer von diesen beiden Verdächtigen ist der Täter?
Schaue dir genau an, wie die Verdächtigen angezogen sind, um herauszufinden, wer diese Spuren hinterlassen hat.

BRAVO !

Hast du den Täter gefunden? Oder gibst du dich geschlagen? Auf Seite 71 findest du die Lösung.

FALL NR. 3

DAS ANWESEN VON SASCHA SCHWARZ

Agatha Crispie ist von Sascha Schwarz gerufen worden. Der Erfinder hat von seinem Onkel Roberto ein Anwesen geerbt. Doch Sascha musste feststellen, dass mehrere Gemälde verschwunden sind.

Er berichtet: „Im Anwesen gab es über 30 Gemälde, aber an den Wänden hängen nur noch 25! Fünf sind also gestohlen worden."

Bernhard Basset, Saschas Sekretär, teilt Agatha seine Überlegungen mit: „Einige der fehlenden Gemälde wurden bereits vor langer Zeit abgehängt. Bevor wir die Polizei rufen, sollten wir im Haus nachschauen, ob sie noch irgendwo zu finden sind."

Agatha fragt, ob andere Personen Zugang zu dem Anwesen hatten. Sascha antwortet ihr daraufhin: „Das Anwesen war bis heute Morgen verschlossen. Ich habe es erst für die Handwerker aufgeschlossen, die Reparaturen durchführen. Falls es einen Dieb gibt, dann war es einer von ihnen, und die gestohlenen Gemälde können nicht weit gekommen sein!"

UMBLÄTTERN UND ERMITTELN

HEIZÖL

JETZT BIST DU DRAN!

Schaue dir das Anwesen von innen und außen genau an, um folgende Fragen zu beantworten:

1

An welchen Wänden des Anwesens fehlen die fünf Gemälde?
Schaue genau hin, wo die Bilder an den Wänden Spuren hinterlassen haben.

2

Vier der fehlenden Gemälde befinden sich noch im Gebäude. Wo sind sie?
Schaue genau in jedem Zimmer des Anwesens nach.

3

Das fünfte Gemälde ist gestohlen worden. Welche Form hat es?
Schaue noch einmal, welche Form die fehlenden Gemälde und die Bilder haben, die abgehängt wurden.

DIE VERDÄCHTIGEN

Diese vier Personen sind die einzigen, die neben Sascha Schwarz und seinem Sekretär das Anwesen betreten haben.

INGO IGEL
SCHORNSTEINFEGER

Ich habe die Kaminabzüge links gereinigt, also die im Speisesaal und im grünen Zimmer. Morgen ist die rechte Seite dran.

GEORG GIBBON
DACHDECKER

Ich war oben auf dem Dach, um ein Loch zu flicken. Von dort aus hätte ich gar nicht ins Haus kommen können.

BERTA BÄR
HEIZUNGSMONTEURIN

Ich war den ganzen Tag im Keller, um die Heizungsanlage zu reinigen. Mir ist niemand über den Weg gelaufen.

GISELA GEISS
GÄRTNERIN

Ich habe den ganzen Tag im Garten gearbeitet. Mir ist nichts Verdächtiges aufgefallen.

DER ZEUGE

BERNARD BASSET
SEKRETÄR

Seit heute Morgen habe ich mich im Eingangsbereich des Anwesens aufgehalten. Wäre jemand mit einem Gemälde durch das Treppenhaus oder den Eingangsbereich gegangen, hätte ich es gesehen! Selbst wenn es verpackt gewesen wäre!

UMBLÄTTERN UND DIE ERMITTLUNGEN ABSCHLIESSEN

DIE ERMITTLUNGEN GEHEN WEITER!

4

Auf welchem Weg hat der Dieb das Zimmer verlassen, in dem sich das gestohlene Gemälde befand? Auf dem Boden gibt es hierfür Hinweise.
Finde heraus, woher sie kommen.

5

Der Dieb hat das Gemälde in einem Fahrzeug versteckt, das in der Nähe abgestellt wurde. Danach hat er es umgeparkt. Um welches Fahrzeug handelt es sich?
Folge den Hinweisen der Antwort 4.

6

Welchem Verdächtigen gehört dieses Fahrzeug?
Schaue dir genau die Kleidung der Verdächtigen an.

BRAVO !

Hast du den Täter gefunden? Oder gibst du dich geschlagen? Auf Seite 72 findest du die Lösung.

FALL NR. 4

SCHABERNACK IM MUSEUM

Barbara Bussard, die Direktorin des Museums für Naturkunde, ruft Agatha Crispie morgens wegen einer sehr speziellen Angelegenheit an: Ein Witzbold hat in der Ausstellung zu den Dinosauriern sein Unwesen getrieben!

Barbara Bussard erklärt, was passiert ist: „Gleich als ich ankam, habe ich bemerkt, dass etwas nicht stimmte. Über der Eingangstür stand: ‚Museum für Quatschkunde'. Und mehrere Nachbildungen von Dinosauriern waren verändert! Ein Witzbold hat sich im Zeitraum von 18 Uhr gestern Abend bis heute früh, als das Museum geschlossen war, ans Werk gemacht."

Agatha Crispie fängt sofort mit den Ermittlungen an.
„Ich werde zunächst alle Dinosaurier ausfindig machen, die dem Witzbold zum Opfer gefallen sind. Dann werde ich die Verdächtigen befragen. Rufen Sie alle Personen zusammen, die die Schlüssel zum Museum haben!"

UMBLÄTTERN UND ERMITTELN

DINO-
AUSSTELLU
EUROPA
AFRIKA
AMERIKA

JETZT BIST DU DRAN!

Schaue dir das Museum von innen und außen genau an, um folgende Fragen zu beantworten:

1

Im Museum wurden vier Dinosaurier durch den Witzbold verändert: Wo sind sie?
Schaue dir den Eingangsbereich des Museums an, um zu wissen, wie die Dinosaurier eigentlich aussehen sollten.

2

Der Witzbold hat einem Dinosaurier einen falschen Kopf aufgesetzt: Woher hat er ihn?
Finde heraus, wo ein Kopf fehlt.

3

Der Witzbold hat seinen Streich in einem Raum des Museums vorbereitet: In welchem?
Einen Teil eines Dinosauriers hat er in diesem Raum zurückgelassen.

MUSEUM FÜR ~~NATUR~~KUNDE
MAGISCHE MANEGE
DINO-
AUSSTELLUNG

SHOP

DIE VERDÄCHTIGEN

Nur die Museumsangestellten haben die Schlüssel zum Hauptgebäude. Mit dem blauen Schlüssel öffnet man die Tür zum gläsernen Gebäudeteil, mit dem grünen Schlüssel den Museumsshop und mit dem roten Schlüssel das Untergeschoss.

ERICH EBER
WÄRTER

Ich bin dafür berühmt, immer für einen Scherz zu haben zu sein, und liebe es, Schabernack zu treiben!

ELLA EIDECHS
AUSSTELLUNGSLEITERIN

Ich hatte Angst, dass nur wenige Besucher kommen würden. Diese Streiche sind eine gute Werbung für meine Ausstellung!

PETER PANDA
VERANTWORTLICHER MINERALIEN

Ich wollte eine Mineralienausstellung durchführen, doch es wurde das Thema „Dinosaurier“ ausgewählt. Darüber war ich überhaupt nicht glücklich!

LENA LÖWE
MODELLBAUERIN

Ich habe mich verletzt, als ich einen Dinosaurier für die Ausstellung erstellt habe. Ich habe geschworen, mich zu rächen!

DER ZEUGE

DOKTOR D.
MUSEUMSARZT

Ella Eidechs hat eine Federallergie, Peter Panda hat Angst vor Schlangen, und Lena Löwe hat ein gebrochenes Bein.

UMBLÄTTERN UND DIE ERMITTLUNGEN ABSCHLIESSEN

DIE ERMITTLUNGEN GEHEN WEITER!

4

Wer von den Verdächtigen konnte nicht in den Bereich gelangen, wo die Streiche vorbereitet wurden?
Schaue dir an, welche Schlüssel die Verdächtigen besitzen.

5

Wer von den Verdächtigen konnte nicht „Museum für Quatschkunde“ schreiben?
Schaue dir an, welcher Weg zurückgelegt werden musste, um diesen Schriftzug anzubringen.

6

Wer von den Verdächtigen wird von Doktor D. entlastet? Wer ist also der Täter
Dieser Verdächtige hätte mit einem der Dinosaurier keinen Schabernack treiben können.

BRAVO !

Hast du den Täter gefunden?
Oder gibst du dich geschlagen?
Auf Seite 73 findest du die Lösung.

FALL NR. 5

GOLDRAUB IN DER BATZENBANK

Agatha Crispie wird dringend in die Bank von Katzhausen gerufen. Heinar Eichhorn, der Bankdirektor, steht noch unter Schock.

„Heute Nacht hat ein Räuber den Strom gekappt und ist dann in die Bank eingebrochen, ohne den Alarm auszulösen. Es ist ihm gelungen, den Tresorraum zu öffnen und Geldscheine sowie mehrere Goldbarren zu entwenden!“

Vor Ort entdeckt Agatha ein riesiges Loch hinter den Tresoren. Es führt unter die Erde.

„Der Räuber hat den Weg durch die unterirdischen Gänge der Stadt genommen! Die werde ich jetzt erkunden …“

Die Detektivin schaltet ihre Taschenlampe ein: Und schon stürzt sie sich in unterirdische Ermittlungen!

UMBLÄTTERN UND ERMITTELN

EINGANG
1
2
BATZEN
BATZEN

JETZT BIST DU DRAN!

Schaue dir innen und außen alles genau an, um folgende Fragen zu beantworten:

1

An welchen fünf Stellen hat der Räuber Schäden verursacht?
Zwei davon liegen unter der Erde, zwei im Obergeschoss, und ein Schaden wurde draußen verursacht.

2

Welche vier Hinweise hat der Räuber hinterlassen?
Drei davon sind Werkzeuge, der vierte Hinweis ist eine Spur.

3

Auf welchem Weg ist der Räuber ins Gebäude gelangt?
Durch die Spur kann man erkennen, woher er kam.

BATZENBANK
U

P
PARKHAUS
EINGANG
BAUSTE
P
PARKHAUS
STOP
U
NEWS
JOURN
DIPLOM
EXPO
ASTRAPI
MINI
ART
READ
Raub in Batzen-bank

DIE VERDÄCHTIGEN

Agatha Crispie hat die vier Personen zusammengerufen, die sich in der Nacht in den unterirdischen Gängen der Stadt aufgehalten haben.

DANIEL DACHS
BAGGERFAHRER

Ich bin bis 22 Uhr auf der Baustelle geblieben, um meinen Bagger zu reparieren. Danach bin ich nach Hause gegangen.

BENJAMIN BELLO
PARKHAUSWÄCHTER

Ich habe die Nacht im unterirdischen Parkhaus verbracht. Ich bin in meinem Büro bei der Schranke geblieben.

MARTHA MAULWURF
KANALARBEITERIN

Ich bin um Mitternacht in die Kanalisation hinabgestiegen, um ein Leck zu reparieren. Ich bin fast blind, aber kann mich auch ohne Licht hervorragend zurechtfinden.

GABI GAZELLE
U-BAHN VORSTEHERIN

Ich habe die Gittertüren an den beiden Treppen um 1 Uhr nachts abgeschlossen und habe sie dann um 5 Uhr wieder aufgeschlossen. In der Zwischenzeit bin ich in meinem Überwachungsraum geblieben.

DER HINWEIS

Die Überwachungskamera an der Straße hat diese maskierte Person vor der Bank um 3:04 Uhr in der Nacht des Diebstahls aufgenommen.

UMBLÄTTERN UND DIE ERMITTLUNGEN ABSCHLIESSEN

SNACKS!
WC
3
4
5
6
7

DIE ERMITTLUNGEN GEHEN WEITER!

4

Wer von den Verdächtigen konnte nicht den Tunnel erreichen, der zur Bank führt?
Schaue dir genau die Gänge des Parkhauses, der U-Bahn, der Kanalisation und die Zugänge zur Baustelle an.

5

Wer von den Verdächtigen braucht einen der Gegenstände nicht, die der Räuber zurückgelassen hat?
Dieser Gegenstand war während der rabenschwarzen Nacht in der Bank hilfreich.

6

Wer von den Verdächtigen kann nicht der Räuber gewesen sein, den die Kamera aufgenommen hat?
Wer ist also der Täter?
Schaue dir genau die Kopfform der vier Verdächtigen an.

BRAVO!

Hast du den Täter gefunden?
Oder gibst du dich geschlagen?
Auf Seite 74 findest du die Lösung.

FALL NR. 6

RÄTSELHAFTES TREIBEN AUF DEM SCHULFEST

Heute findet in der Schule von Katzhausen ein Fest statt! Aber Frau Rüssel, die Direktorin, ist ganz schön verärgert: Der Hauptgewinn der Tombola wurde gestohlen. Agatha Crispie ist sofort zur Stelle. Frau Rüssel erklärt ihr, was passiert ist: „Während der Tanzvorführung von Herrn Horns Klasse hat jemand den ersten Preis der Tombola gestohlen, ein wunderschönes Kunstwerk!"

Agatha befragt sie: „Dieser Preis, was war das genau?"

„Eine lebensgroße Statue von mir!", antwortet die Direktorin.

Agatha fragt sich, wer diesen seltsamen Preis nur gestohlen haben kann! Aber sie verspricht, den Hauptgewinn wiederzufinden und den Täter dingfest zu machen. Frau Rüssel bittet sie noch: „Gehen Sie vor allem unauffällig vor, um das Fest nicht zu verderben."

UMBLÄTTERN UND ERMITTELN

BIBLIOTHEK
SCHULFEST
HERKULES-PORRET-SCHULE

JETZT BIST DU DRAN!

Schaue dir die Schule von innen und außen genau an, um folgende Fragen zu beantworten:

1

Der Hauptgewinn, die Statue, wurde in drei Teile zerlegt, die an drei Orten versteckt wurden: Wo sind sie?
Ein Teil befindet sich draußen, die anderen beiden drinnen.

2

Der Dieb hat einen Gegenstand neben einem Teil der Statue liegen gelassen. Welchen?
Dieser Gegenstand wurde an einer der Spielstationen entwendet.

3

Der Dieb hat Farbe benutzt, um einen Teil der Statue zu tarnen. Wo hat er den Farbtopf entsorgt?
Dort hat er die Gelegenheit gleich genutzt, um sich zu waschen.

SCHULFEST
WC
HERKULES-PORRET-SCHULE

MENSA
TERRE
1
2
3
4
5
6
7
8
CIEL
WC

DIE VERDÄCHTIGEN

Agatha hat alle Anwesenden des Schulfests befragt. Dabei ist sie auf vier Verdächtige gestoßen, die alle sehr interessiert an der Statue von Frau Rüssel sind.

BELLA BOCK
MUTTER DES STATUENBAUERS

Mein Sohn hat diese Statue erstellt. Ich bin sehr stolz auf ihn! Sie ist einfach wunderbar!

ALI HIPPO
LEHRER

Frau Rüssel ist so hübsch! Ich hätte die Statue von ihr so liebend gerne.

FRANZ FUCHS
SCHÜLER VON HERRN HORN

Ich habe mit meinen Mitschülern gewettet, dass ich die Statue der Direktorin gewinnen werde. Aber ich bin doch kein Dieb!

TIMMY BÄR
SCHÜLER VON FRAU RÜSSEL

Ich gewinne nie etwas bei einer Tombola. Ich möchte wenigstens ein einziges Mal den Hauptgewinn bekommen!

DIE ZEUGIN

MARGARETE MUH
MUTTER EINES SCHÜLERS

Ich war für das Entenangeln zuständig. Eine Angel ist während des Fests abhandengekommen. Sie muss von einem Kind oder Elternteil geklaut worden sein, denn an meiner Spielstation ist kein Lehrer gewesen!

UMBLÄTTERN UND DIE ERMITTLUNGEN ABSCHLIESSEN

TOMBOLA
1. PREIS
TERRE
1
2
3
4
5
6
7
8
CIEL

DIE ERMITTLUNGEN GEHEN WEITER!

4

Das Gebäude, in dem ein Hinweis gefunden wurde, lässt einen Verdächtigen ausschließen: Wen?
Schaue genau hin, wer dieses Gebäude betreten darf.

5

Zum Zeitpunkt des Diebstahls war einer der Verdächtigen auf dem Schulfest beschäftigt: Wer?
Lies dir noch einmal durch, was Frau Rüssel zu Beginn der Ermittlungen gesagt hat.

6

Der Gegenstand, der benötigt wurde, um den Rumpf der Statue zu verstecken, kann von einem der Verdächtigen nicht geklaut worden sein. Von wem?
Lies dir die Zeugenaussage von Margarete Muh noch einmal durch.

BRAVO!

Hast du den Täter gefunden? Oder gibst du dich geschlagen? Auf Seite 75 findest du die Lösung.

FALL NR. 7

DIE VERMISSTEN DES ZIRKUS PLOUM

Der Zirkus Ploum hat sein Zelt auf dem Festplatz von Katzhausen aufgeschlagen, und die Vorstellung soll gleich losgehen. Doch Trisha Strauß, die Direktorin, ruft dringend nach Agatha Crispie:

„Unsere vier Akrobaten, die Brüder Quack-Quack, sind verschwunden! Nur Quack-Quack Junior wurde wiedergefunden, aber er ist ganz verwirrt. Helfen Sie mir schnell, seine drei Brüder wiederzufinden!"

„Wie seltsam ... Man könnte meinen, er sei betäubt worden", sagt Agatha.

Agatha untersucht den Zirkus und die nähere Umgebung. Die drei Brüder können nicht weit sein. „Jemand versucht, Ihnen einen Strich durch die Vorstellung zu machen, oder will den Akrobaten eins auswischen", sagt sie zu Trisha. „Wer kann Ihnen so böse mitspielen wollen?"

Die Direktorin denkt nach: „Für mich gibt es nur vier Verdächtige ... Ich werde sie zusammenrufen, während Sie die Brüder Quack-Quack suchen."

Agatha muss sich beeilen, um dieses Rätsel zu lösen, bevor die Vorstellung beginnt!

UMBLÄTTERN UND ERMITTELN

ZIRKUS
DI BELLO
PLOUM

JETZT BIST DU DRAN!

Schaue dir den Zirkus von innen und außen genau an, um folgende Fragen zu beantworten:

1

Wo sind die drei vermissten Brüder Quack-Quack?
Ihr Bild auf dem Zirkusplakat kann dir bei der Suche helfen.

2

Die drei Brüder Quack-Quack haben alle den gleichen Gegenstand bei sich: Welchen?
Dieser Gegenstand hat bestimmt dazu geführt, dass sie ihr Gedächtnis verloren haben.

3

Woher stammen diese Gegenstände?
Schaue dir an, was darin enthalten ist, und finde heraus, wo sie hergestellt wurden.

ZIRKUS
PLOUM
PLOUM
PLOUM
PLOUM
SÜSSES POPCORN
EIS

PLOUM
PLOUM
PLOUM
PLOUM
PLOUM
PLOUM
PLOUM
TICKETS

DIE VERDÄCHTIGEN

Die Zirkusdirektorin Trisha hat Agatha Crispie eine Liste mit den vier Personen ausgehändigt, die ein Interesse daran haben könnten, ihr einen Strich durch ihre Vorführung zu machen.

HASSO DI BELLO

DIREKTOR EINES ANDEREN ZIRKUS

Trisha hat meine besten Nummern kopiert!

RABEA RABE

TRAPEZKÜNSTLERIN

Seit drei Jahren stehlen die Brüder Quak-Quak mir die Show!

PETER PFAU

ZAUBERER

Ich liebe es, den anderen Künstlern böse Streiche zu spielen. Das ist mein allerliebstes Hobby!

TERRY STRAUSS

CLOWN UND BRUDER DER DIREKTORIN

Schon als kleines Kind träumte ich davon, Zirkusdirektor zu werden, doch es hat nur zum Clown gereicht!

DER ZEUGE

HERALD HICKS

JONGLEUR

Ich habe in meinem Wohnwagen einen komischen Geruch bemerkt, der von draußen kam. Dort muss jemand gewesen sein, der ganz in der Nähe mit Chemikalien herumhantiert hat!

UMBLÄTTERN UND DIE ERMITTLUNGEN ABSCHLIESSEN

TRISHA
TRISHA
TRISHA
PLOUM

DIE ERMITTLUNGEN GEHEN WEITER!

4

In welchem Wohnwagen wohnen Trisha Strauß, Harald Hicks und die Brüder Quack-Quack?

In jedem Wohnwagen gibt es Hinweise auf den jeweiligen Besitzer.

5

Mit welchem Fahrzeug ist Hasso di Bello gekommen?

Es ist das einzige Fahrzeug, das nicht zum Zirkus Ploum gehört.

6

Wem gehört der Wohnwagen, in dem sich die giftige Substanz befindet?

Finde die Wohnwagen, die zu den drei im Zirkus lebenden Verdächtigen gehören.

BRAVO!

Hast du den Täter gefunden?
Oder gibst du dich geschlagen?
Auf Seite 76 findest du die Lösung.

FALL NR. 8

DIE KAMPFANSAGE DER DETEKTIVE

Heute ist ein großer Tag für Agatha Crispie! Esther Igel, die Bürgermeisterin von Katzhausen, hat ihr die Ehrenmedaille der Stadt für ihre Verdienste im Kampf gegen das Verbrechen verliehen. Alle ihre Freunde und Kunden sind da: Viele haben ihr auch etwas geschenkt.

Doch ein kleiner Nachbar, Lucas Neton, überreicht Agatha eine Nachricht, die man ihm für sie zugesteckt hat. Es handelt sich um einen Brief ohne Unterschrift mit folgendem Inhalt:

„Du hältst dich für die Königin der Detektive, doch du bist nicht ganz auf der Höhe! Mir ist es gelungen, eines deiner Geschenke zu entwenden, ohne dass du es bemerkt hast. Kannst du es wiederfinden?“

Agatha muss sich dieser Herausforderung stellen! Sie geht unauffällig durch ihr Haus und an ihren Gästen vorbei, um herauszufinden, welches Geschenk geklaut wurde und wer der Dieb ist ...

UMBLÄTTERN UND ERMITTELN

AGATHA
CRISPIE
5

JETZT BIST DU DRAN!

Schaue dir das Haus von innen und außen genau an, um folgende Fragen zu beantworten:

1 Welches Geschenk, das Agatha bekommen hat, ist verschwunden? Agatha hat die Geschenke im Garten abgelegt, wo das Fest stattfindet.
Finde das Geschenk, das nicht mehr da ist (einige sind auch im Haus):

Der Ehrenpokal von Katzhausen

Ein Miniroboter von Erika Weiß

Ein Gemälde von Sascha Schwarz

Ein Dinosaurier-Schädel aus dem Museum

Ein Bild von Frau Rüssels Schülern

Ein Plakat vom Zirkus Ploum

2

Wo hat der Dieb den geklauten Gegenstand verstaut?
Der Gegenstand befindet sich nicht mehr in Agathas Garten oder Haus!

AGATHA
CRISPIE
5

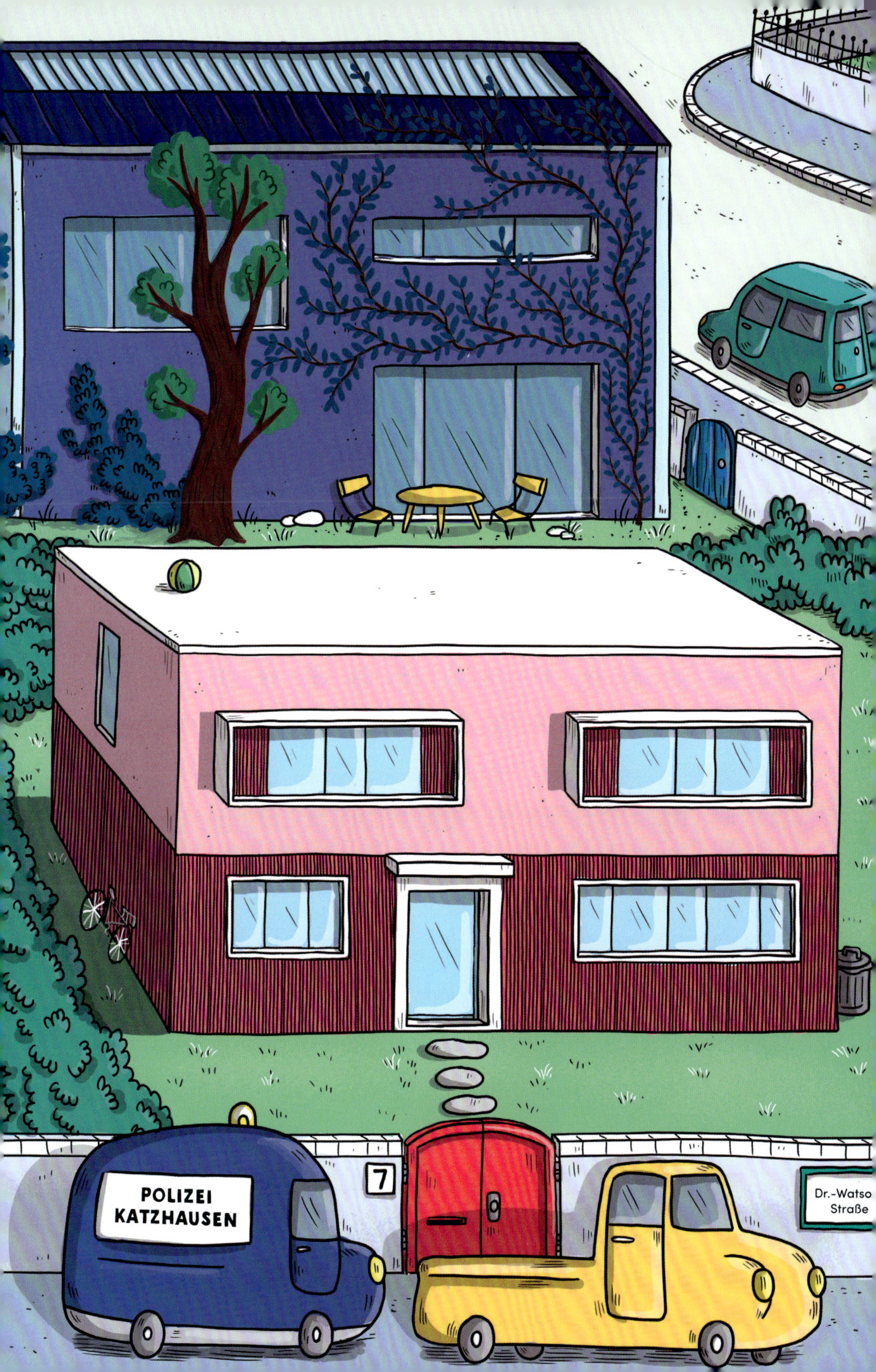
POLIZEI
KATZHAUSEN
7
Dr.-Watso
Straße

DIE VERDÄCHTIGEN

Agatha Crispie hat die vier anderen Detektive der Stadt eingeladen. Sie sind alle neidisch auf ihren Erfolg und träumen davon, sie bloßzustellen.

DERRICK DACHS

Ich bin mit dem Auto vom anderen Ende der Stadt hierhergekommen und habe vor dem Haus von Sherlock Holms geparkt.

SHERLOCK HOLMS

Ich wohne neben Agatha und einem anderen Detektivkollegen.

HUGO HASE

Ich bin zu Fuß von zu Hause gekommen. Bis zu Agatha ist es nicht weit.

KOMMISSAR MAGRET

Ich bin mit dem Polizeiauto gekommen und habe direkt hinter dem Wagen von Derrick Dachs geparkt.

DER ZEUGE

LUCAS NETON

Ein Mann, der sich hinter der Hecke versteckt hatte, hat mir eine Nachricht für Agatha gegeben. Er sagte: „Der König der Detektive bin ich!" Ich konnte sein Gesicht nicht erkennen, aber er hatte keine Entenstimme!

UMBLÄTTERN UND DIE ERMITTLUNGEN ABSCHLIESSEN

7
Dr.-Watson
Straße

DIE ERMITTLUNGEN GEHEN WEITER!

3

Wo stehen die Fahrzeuge der beiden Verdächtigen, die mit dem Auto gekommen sind?
Lies dir ihre Zeugenaussagen durch und schaue dir das Bild außen auf den Klappseiten gut an.

4

Welche Verdächtigen wohnen in den beiden Nachbarhäusern?
Die Antwort auf die Frage 3 kann dir bei dieser Frage weiterhelfen.

5

Wer ist der Täter?
Der Dieb hat den gestohlenen Gegenstand bei sich versteckt.

BRAVO !

Hast du den Täter gefunden?
Oder gibst du dich geschlagen?
Auf Seite **77** findest du die Lösung.

LÖSUNGEN

BAHNHOFSDIEB!

1

Finde auf dem Bild die vier grünen Koffer mit Rädern.

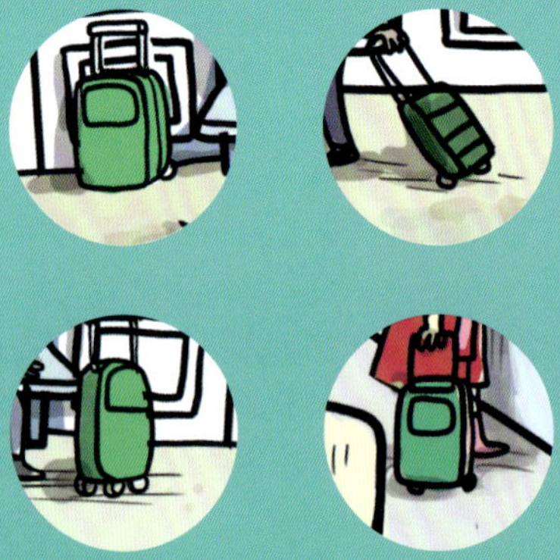

2

Agatha Crispie hat den gestohlenen Koffer wiedergefunden. Es ist der Koffer, der von niemandem festgehalten wird. Ein wichtiger Hinweis befindet sich unmittelbar daneben.
Es handelt sich um eine Feder.
Der Täter ist also ein Vogel!

3

Nun weißt du, um welche Tierart es sich bei dem Dieb handelt.
Finde die vier Tiere dieser Tierart auf dem Bild: Das sind die Verdächtigen.

4

Neben Erika Weiß befindet sich ein Hinweis auf dem Boden. Dieser lässt auf drei Verdächtige schließen: Auf wen?
Finde heraus, wer Flecken verursachen kann!
Bei dem Hinweis handelt es sich um einen roten Fleck: Dieser kann von Thomas Taubes Farbe, von Martha Möwes Hamburger oder von der Tomatensoße der Köchin Gerda Geier stammen. Carlo Canari kann also nicht der Täter sein!

5

Der Zeuge kann einen Verdächtigen ausschließen. Wen?
Schaue genau hin, welcher Verdächtige sich laut Aussage des Bahnhofsvorstehers nicht vom Fleck bewegt hat.
Niemand außer Agatha und Erika ist aus dem Zug ein- oder ausgestiegen. Martha Möwe befand sich bereits in dem Zug und ist dort sitzen geblieben. Sie ist also nicht die Täterin.

6

Die Zeugenaussage dieses Verdächtigen schließt einen anderen als Täter aus: Wen?
Es ist ein Verdächtiger, der schwindelfrei ist!
Martha Möwe hat ausgesagt, dass sie die beiden Arbeiter auf dem Dach beobachtet habe. Thomas Taube ist also nicht der Täter, denn er hat das Dach nicht verlassen.
Die Täterin ist demnach die Köchin Gerda Geier. Die Tomatenflecken auf dem Boden stammen von ihr, als sie Erika Weiß' Koffer geklaut und dann ins Bahnhofsrestaurant gebracht hat, wo sie arbeitet.

DURCHEINANDER IM LABOR

1

Wo sind die fünf Roboter, die Unfug treiben?

2

Alle Roboter tragen dasselbe Gerät, das sie verstellt hat: Welches?
Es handelt sich um eine Antenne, die an einem Kopfhörer befestigt ist.

3

Woher stammen diese Geräte?
In dem Lieferwagen befindet sich eine Kiste, in der ganz viele dieser Sender liegen.

4

Dort, wo die Sender gelagert werden, befinden sich Spuren auf dem Boden.
Es handelt sich um Spuren von Schuhen mit Absätzen. Sie führen zu der Treppe, über die man zu den Büros gelangt.

5

Schaue dir die Personen an, die sich an diesem Ort aufhalten.
Es sind Ferdinand Fuchs und Waltraud Wolf.

6

Wer von diesen beiden Verdächtigen ist der Täter? Schaue dir genau an, wie die Verdächtigen angezogen sind, um herauszufinden, wer diese Spuren hinterlassen hat.
Der Einzige, der Schuhe mit Absätzen trägt und sich in den Büros aufhält, ist Ferdinand Fuchs. Er ist also der Täter.

DAS ANWESEN VON SASCHA SCHWARZ

1

An welchen Wänden des Anwesens fehlen die fünf Gemälde?

2

Vier der fehlenden Gemälde befinden sich noch im Gebäude. Wo sind sie?

3

Das fünfte Gemälde ist gestohlen worden. Welche Form hat es?

Das verschwundene Gemälde, das nirgendwo im gesamten Anwesen zu finden ist, stammt aus dem Schlafzimmer. Es ist oval.

4

Auf welchem Weg hat der Dieb das Zimmer verlassen, in dem sich das gestohlene Gemälde befand?

Auf dem Fußboden des Schlafzimmers liegen Blätter. Sie stammen von dem Baum, der vor dem Zimmer steht. Diese Blätter müssen durch das offene Fenster hereingeweht sein. Der Dieb muss also durch dieses Fenster entwischt sein.

5

Der Dieb hat das Gemälde in einem Fahrzeug versteckt, das in der Nähe abgestellt wurde. Danach hat er es umgeparkt. Um welches Fahrzeug handelt es sich?

Nur auf dem Dach eines Fahrzeugs liegen Blätter, und zwar auf der Zugmaschine mit Anhänger. Im Anhänger liegt ein ovales Paket: Das muss das gestohlene Gemälde sein!

6

Welchem Verdächtigen gehört dieses Fahrzeug?

Das Logo auf dem Anhänger ist genau dasselbe wie auf dem T-Shirt von Gisela Geiß. Sie hat also das Gemälde gestohlen!
Mit ihrer Leiter hat sie es durch das Fenster nach unten gebracht und dann mit den Gartenabfällen auf ihren Anhänger geladen.

SCHABERNACK IM MUSEUM

1

Im Museum wurden vier Dinosaurier durch den Witzbold verändert. Wo sind sie?

2

Der Witzbold hat einem Dinosaurier einen falschen Kopf aufgesetzt: Woher hat er ihn? Er hat ihn vom Karussell: Dort fehlt der Hühnerkopf!

3

Der Witzbold hat seinen Streich in einem Raum des Museums vorbereitet: In welchem?
Im Raum „Afrika“: Den Kopf der Giraffe hat er durch einen Dinosaurierkopf ersetzt.

4

Wer von den Verdächtigen konnte nicht in den Bereich gelangen, wo die Streiche vorbereitet wurden?
Für den Raum „Afrika“ braucht man einen roten Schlüssel. Peter Panda hat keinen roten: Er ist also unschuldig.

5

Wer von den Verdächtigen konnte nicht „Museum für Quatschkunde“ schreiben?
Hierzu musste der Täter die Stufen hochgehen: Lena Löwe konnte das mit ihrem gebrochenen Bein nicht schaffen!

6

Wer von den Verdächtigen wird von Doktor D. entlastet? Wer ist also der Täter?
Der Witzbold hat für die Flügel eines Dinosauriers Federn benutzt. Es kann also nicht Ella Eidechs gewesen sein, die eine Federallergie hat. Der Täter ist also Erich Eber!

GOLDRAUB IN DER BATZENBANK

1

An welchen fünf Stellen hat der Räuber Schäden verursacht?

Unter der Erde: an der Stromleitung unter der Bank links und an den Tresoren im Raum im Untergeschoss rechts.
Obergeschoss: am Tresor im Büro links, am Snackautomaten rechts.
Außen: an der Steinmauer links von der Bank.

2

Welche vier Hinweise hat der Räuber hinterlassen?

Die Zange neben der Stromleitung. Die Taschenlampe an der Tür in einem Büro im Obergeschoss links. Den Hammer auf der anderen Seite der Tür sowie die grüne Pfütze neben den Tresoren im Untergeschoss.

3

Auf welchem Weg ist der Räuber ins Gebäude gelangt?

Die grüne Pfütze beweist, dass der Räuber von unten durch die Kanalisation gekommen ist.

4

Wer von den Verdächtigen konnte nicht den Tunnel erreichen, der zur Bank führt?

Der Tunnel endet in der Kanalisation. Das Parkhaus, in dem sich Benjamin Bello befand, hat keinen Zugang zur Kanalisation. Er kann also nicht der Täter sein!

5

Wer von den Verdächtigen braucht einen der Gegenstände nicht, die der Räuber zurückgelassen hat?

Martha Maulwurf findet sich ohne Licht im Dunkeln zurecht, sie brauchte also keine Taschenlampe. Sie kann es also nicht gewesen sein!

6

Wer von den Verdächtigen kann nicht der Räuber gewesen sein, den die Kamera aufgenommen hat?
Wer ist also der Täter?

Die Maske des Räubers lässt erkennen, dass er keine Hörner hat. Es ist also nicht Gabi Gazelle. Der einzige Verdächtige, der übrig bleibt, ist Daniel Dachs: Er ist der Räuber!

RÄTSELHAFTES TREIBEN AUF DEM SCHULFEST

1

Der Hauptgewinn, die Statue, wurde in drei Teile zerlegt, die an drei Orten versteckt wurden: Wo sind sie?
Der Kopf liegt rechts in einer Ecke der Mensa. Der Rumpf befindet sich links im Wassertank. Die Beine stehen auf der Bühne hinter dem linken Lautsprecher; sie wurden blau angemalt.

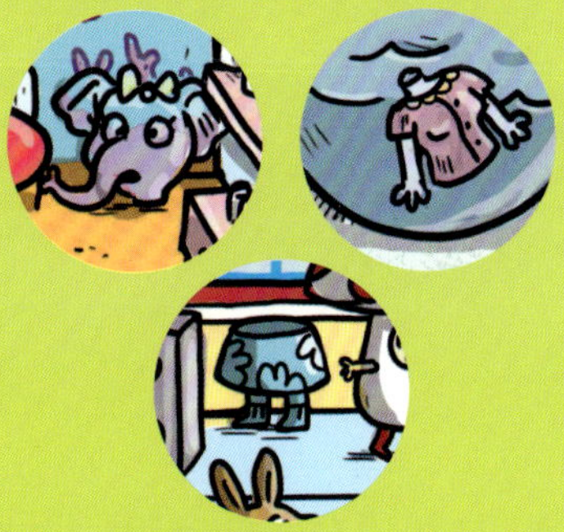

2

Der Dieb hat einen Gegenstand neben einem Teil der Statue liegen gelassen. Welchen?
Eine Angel liegt auf dem Wassertank. Sie wurde benötigt, um den Rumpf in den Tank hinabzulassen.

3

Der Dieb hat Farbe benutzt, um ein Teil der Statue zu tarnen. Wo hat er den Farbtopf entsorgt?
Der blaue Farbtopf steht in der Jungentoilette.

4

Das Gebäude, in dem ein Hinweis gefunden wurde, lässt einen Verdächtigen ausschließen: Wen?
Der in der Jungentoilette gefundene Farbtopf lässt den Rückschluss zu, dass der Dieb kein Mädchen ist! Bella Bock kann deshalb als Täterin ausgeschlossen werden.

5

Zum Zeitpunkt des Diebstahls war einer der Verdächtigen auf dem Schulfest beschäftigt: Wer?
Frau Rüssel hat ausgesagt, dass der Diebstahl während der Vorstellung von Herrn Horns Schülern stattfand. Franz Fuchs ist ein Schüler von Herrn Horn und stand deshalb zum Zeitpunkt des Diebstahls auf der Bühne!

6

Der Gegenstand, der benötigt wurde, um den Rumpf der Statue zu verstecken, kann von einem der Verdächtigen nicht geklaut worden sein. Von wem?
Laut Margarete Muh ist kein Lehrer an ihrer Spielstation gewesen. Die Angel kann also nicht von Ali Hippo geklaut worden sein. Er ist unschuldig. Der Täter ist also Timmy Bär!

DIE VERMISSTEN DES ZIRKUS PLOUM

1

Wo sind die drei vermissten Brüder Quack-Quack?

Roberto sitzt im Zelt mitten im Publikum oben rechts. Marcel schläft in seinem Wohnwagen auf der linken Seite vom Zelt. Herkules lehnt sich draußen oben rechts gegen einen Baum.

2

Die drei Brüder Quack-Quack haben alle den gleichen Gegenstand bei sich: Welchen?

Eine Flasche, die eine grüne Flüssigkeit enthält.

3

Woher stammen diese Gegenstände?

Im Wohnwagen, der vor dem Eingang steht, befindet sich ein Chemielabor mit Flaschen, die diese grüne Flüssigkeit enthalten.

4

In welchem Wohnwagen wohnen Trisha Strauß Harald Hicks und die Brüder Quack-Quack?

In Trishas Wohnwagen gibt es Plakate und Straußenfedern, er steht oben rechts. Peters Wohnwagen mit Jongliergeräten steht darunter Der Wohnwagen der Brüder Quak-Quak steht links, Marcel befindet sich darin.

5

Mit welchem Fahrzeug ist Hasso di Bello gekommen?

Er ist mit dem Kleinbus mit der Aufschrift „Zirkus oben links gekommen.

6

Terry Strauß wohnt in dem Wohnwagen links unten. Sein Clownszubehör ist dort zu sehen. Peter Pfau lebt in dem Wohnwagen unten rechts. Sein Zauberzubehör ist dort zu sehen. Der Wohnwagen mit den chemischen Mitteln ist also der von Rabea Rabe: Sie ist die Täterin! Sie hat ein Getränk hergestellt, das den Brüder den Verstand geraubt hat, denn sie hatte gehofft, dass deren Nummer gestrichen wird und sie der neue Star des Zirkus wird.

DIE KAMPFANSAGE DER DETEKTIVE

1

Welches Geschenk, das Agatha bekommen hat, ist verschwunden?
Der Ehrenpokal von Katzhausen steht auf dem Tisch mit den Getränken. Der Miniroboter von Erika Weiß ist im Keller des Hauses. Den Dinosaurierschädel aus dem Museum trägt ein Kind im Garten auf dem Kopf. Das Bild von Frau Rüssels Schülern klebt an der Hauswand. Das Plakat vom Zirkus Ploum hängt in Agathas Zimmer. Das Gemälde von Sascha Schwarz ist also das verschwundene Geschenk!

2

Wo hat der Dieb den geklauten Gegenstand verstaut?
Das Bild hängt verkehrt herum in dem Haus rechts neben Agathas Haus.

3

Wo stehen die Fahrzeuge der beiden Verdächtigen, die mit dem Auto gekommen sind?
Der Polizeiwagen von Kommissar Magret steht vor dem Haus mit der Nummer 7. Laut der Zeugenaussage des Kommissars gehört das Auto, das vor seinem steht, Derrick Dachs.

4

Welche Verdächtigen wohnen in den beiden Nachbarhäusern?
Derrick Dachs parkt vor dem Haus von Sherlock Holms, das muss also das rosa Haus Nummer 7 sein. Sherlock Holms ist der Nachbar von Hugo Hase, das blaue Haus ist also das von Hugo Hase.

5

Wer ist der Täter?
Hugo Hase wohnt in dem Haus, wo das Gemälde versteckt wurde. Er ist also der Täter!

DER ZWEITE FALL VON DETEKTIVIN AGATHA CRISPIE!

Agatha Crispie und der verschwundene Schatz – Spurensuche um die Welt

ISBN 978-3-7459-0371-3
€12,99 (D) / €13,40 (A)

IMPRESSUM

Bibliografische Information der Deutschen Bibliothek.

Die Deutsche Bibliothek verzeichnet diese Publikation in der Deutschen Nationalbibliografie.

Detaillierte bibliografische Daten sind im Internet über http://www.dnb.de/ abrufbar.

EIN BUCH DER EDITION MICHAEL FISCHER

1. Auflage 2021

Titel der Originalausgabe: Les petites énigmes à tous les étages – Autour du monde

Aus dem Französischen übertragen von Gesa Mattiesch, Hitzacker

Covergestaltung und Satz: Christina Gerg

Lektorat: Vera Göckelmann

Produktmanagement: Mareike Schlensog, Vera Göckelman

ISBN 978-3-7459-0370-6

Gedruckt bei C&C Offset Printing Co., LTD., 14/F, C&C Building, 36 Ting Lai Road, Tai Po, N. T. Hong Kong

www.emf-verlag.de